www.tredition.de

AF178001

Markus Mensch

MARKETING UND PR FÜR SELBSTSTÄNDIGE

Mit Praxistipps, dem YouTube-Extra und Tools für Ihren Erfolg

www.tredition.de

© 2018 Markus Mensch

Verlag und Druck: tredition GmbH, Hamburg
Titel-Bild: ©Alex Stark

ISBN
Paperback: 978-3-7469-3297-2
Hardcover: 978-3-7469-3303-0
e-Book: 978-3-7469-3299-6

Ich möchte dieses Buch meinem Vater widmen, der mich immer unterstützt und an mich geglaubt hat. Er hat mir gezeigt, dass höhere und ungewöhnliche Ziele zu erreichen sind.

Gerhard Mensch

*6.11.1949 † 31.03.2014

Inhaltsverzeichnis

Vorwort

Seit vielen Jahren schon liegt die Selbstständigkeit mit einem eigenen Unternehmen in einer interessanten Branche voll im Trend. Sicher, auch die unzähligen TV-Shows und Reality-Serien vermitteln einem schnell, wie leicht und unkompliziert es doch sei, ein eigenes Unternehmen oder eine neue Firma zu gründen. Warum sollte es einem selbst dann nicht gelingen, wird nun der ein oder andere denken. Viele Ideen, nahezu grenzenlose Möglichkeiten, eine Menge Kreativität und noch mehr Mut sind doch schließlich die besten Voraussetzungen für den Erfolg als Selbstständiger.

Ja, es ist auch so: Immer wieder kommt man auf gute Geschäftsideen und wenn erst einmal das Finanzielle geregelt ist, gibt es kein Halten mehr. Die Gründung des eigenen Unternehmens wird Realität, es werden Mitstreiter gesucht oder man eignet sich selbst all das Wissen an, was bis dato fehlt. Es ist soweit, die Schlüssel zur Selbstständigkeit sind überreicht worden und man steht in seinem eigenen Geschäft oder Büro – nichts ist aufregender und emotionaler als dieser Augenblick. Spätestens wenn man diesen Moment selbst erlebt hat, kann man dieses überwältigende Gefühl nachvollziehen und auch verstehen, warum eine Unternehmensgründung auf viele Menschen eine derart große Anziehung ausübt. Es wird gebaut, entworfen und eingerichtet, die engagierten Firmen geben sich regelrecht die Klinke in die Hand. Man sieht sein Baby entstehen und wachsen und ist emotional an jedem noch so kleinen Schritt beteiligt. Kleine und große Probleme, die meist viel Geld kosten und auch nicht eingeplant waren, werden vom späteren Erfolg – oder wenigstens der Aussicht darauf – überspielt.

Webseite, Flyer, Werbemittel, weiteres Marketing? – „Ja, kommt noch, wir arbeiten daran, aber die Prioritäten liegen noch an anderer Stelle", ist fast immer die Aussage der jungen Unternehmer und engagierten Gründer. Die Begeisterung über das Neue ist noch viel zu groß, um sich mit den meist einfachen und eigentlich grundlegenden Punkten des Marketings zu beschäftigen. Die Zeit vergeht und die formale

Gründung ist geschafft. Es werden weiterhin viele verschiedene Vorbereitungen getroffen, die Wochen gehen ins Land und der Tag der Eröffnung rückt näher.

Spätestens jetzt werden übereilt Einladungen über Facebook, Xing und andere Netzwerke verschickt und Events erstellt, um Aufmerksamkeit zu erlangen und erste Kunden oder Fans zu akquirieren. In vielen Fällen melden sich nun auch die ersten Journalisten der örtlichen Tageszeitung und möchten natürlich darüber berichten, dass ein neues Unternehmen den Markt erobern möchte. Es droht der peinliche Moment: „Wie, Sie haben noch keine Werbung gemacht? Und das, obwohl Sie bereits nächste Woche eröffnen?" Das schlechte Gewissen, bis zum heutigen Tag kein durchdachtes Marketing gemacht zu haben, die Angst, keine Kunden im neuen Geschäft begrüßen zu können, und die Unmengen an Investitionen lassen die jungen Unternehmer nun schnell die nächsten Anzeigen und Werbebanner buchen. Besser zu spät als nie? So verständlich diese übereilte und vielleicht auch ein wenig panische Reaktion sein mag, so falsch ist sie im Prinzip auch. Denn: Mit welcher Aussage, mit welcher Planung und mit welchem Ziel will ich als Unternehmer denn überhaupt werben? Was will ich in meiner Anzeige präsentieren und der Öffentlichkeit vermitteln? Doch sicher nicht, dass ich mir bis dato keine Gedanken darüber gemacht habe und aus diesem Grund nun lieber schlechte als gar keine Werbung mache. All das habe ich selbst erlebt und in den letzten Jahren immer wieder bei Kunden beobachten können.

Mein Name ist Markus Mensch, geboren im oberpfälzischen Regensburg. Die Selbstständigkeit wurde mir glücklicherweise bereits in die Wiege gelegt, da meine Familie seit dem Jahr 1919 ein eigenes Unternehmen führt. Nach der üblichen Schulbildung habe ich damit begonnen, im elterlichen Betrieb Erfahrungen zu sammeln. Diese haben mir natürlich bei meinem späteren Berufsweg sehr geholfen, doch auch meinen Ausflug in die Gastronomie möchte ich keinesfalls missen. Nachdem ich einige Zeit als ungelernte Servicekraft in einem Café tätig war, führte mich mein Weg an eine Hotelfachschule. Die Schwerpunkte meiner dortigen Ausbildung waren Tourismus und Marketing. Was lag nach diesem Weg näher, als selbst ein Unternehmen zu gründen? Auch ich wollte wie meine Vorfahren etwas erschaffen, erbauen und hinterlassen.

Alle Gedanken und Gespräche liefen auf ein eigenes Unternehmen hinaus. „Die Entscheidung ist gefallen, ich eröffne endlich mein eigenes Restaurant", waren meine Worte 2006. Die Vorbereitungen konnten zügig beginnen und ich besichtigte verschiedene Locations in München und Regensburg. Mit etwas Geduld gelang es mir, im März 2007 endlich die passenden Räumlichkeiten in Lehel, einem exklusiven Stadtteil Münchens, zu finden. Meine Vorgänger hatten dort ein ägyptisches Restaurant betrieben und es kostete mich viel Vorstellungskraft, mein eigenes Konzept in genau diesen Räumen wiederzufinden. Doch natürlich war mir klar, dass mit Kreativität, Energie und Tatendrang fast alles zu schaffen ist, und ich nutzte die Gelegenheit, um endlich starten zu können. Wie ging es nun weiter? Wie viele meiner heutigen Kunden habe ich mich ausschließlich um die Inneneinrichtung, das Konzept der Küche, das richtige Personal und etwas Werbung gekümmert. Ich habe Layouts und Logos erstellt, Flyer drucken lassen, Anzeigen in allen mir bekannten Zeitungen und Magazinen gebucht und voller Vorfreude der Eröffnung meines Restaurants entgegengesehen. Am alles entscheidenden Tag waren alle Vorbereitungen fast abgeschlossen. Ich sage „fast", weil beispielsweise die Farbe der WC-Türen noch ein wenig feucht war, als die ersten Gäste das Restaurant betraten. Wir alle bewegten uns zwischen freudiger Erwartung, Anspannung, Aufregung und jeder Menge Hoffnung.

Im Jahr 2008 wurde ich erstmals auf meine PR und mein Marketing angesprochen. Wer würde sich bei mir um die Werbung und verschiedene Marketingmaßnahmen kümmern? Ich selbst erfüllte all diese Aufgaben. Mein persönlicher Weg und meine bisherigen Erfahrungen waren die Basis dafür. Und sie waren gleichzeitig auch der Grundstein meiner heutigen Agentur. Im Laufe der Zeit baute ich mir einen Kundenstamm auf und betreute verschiedene Projekte, sodass ich 2010 den Entschluss fasste, mich auf die Arbeit als Berater zu fokussieren. Ich verließ die Gastronomie und gründete noch im selben Jahr meine eigene Agentur für Marketing und PR.

Warum erzähle ich Ihnen diese Lebensgeschichte? Ganz einfach: Ich möchte Ihnen zeigen, dass ich einer von Ihnen bin. Ich habe kein Studium im Fach Marketing und Public Relations abgeschlossen, sondern bestenfalls Grundkenntnisse aus meiner Zeit an der Hotelfachschule. Allerdings habe ich acht Jahre lang eigene Studien betrieben und selbst erlebt, wie Marketingmaßnahmen sich auswirken. Neben vielen Erfolgen gab es ebenso einige Niederlagen.

Auf den folgenden Seiten zeige ich Ihnen, wie Sie selbst – und ohne die Hilfe einer Agentur – erfolgreich Marketing betreiben. Meine Tipps sind in der Praxis erprobt und haben sich unter verschiedenen Bedingungen bewährt. Ich bin mir sicher, dass auch Sie von meiner Erfahrung profitieren können. Setzen Sie also sich selbst und Ihr Unternehmen neu in Szene und zeigen Sie Ihren Interessenten, warum sie Ihr Kunde werden müssen.

Mein Team und ich betreuten seit dem Jahr 2010 branchenübergreifend Kunden aus ganz Deutschland und ich freue mich jedes Mal darüber, wenn ich andere Menschen auf ihrem Erfolgsweg begleiten darf. An dieser Stelle wünsche ich Ihnen schon einmal viel Erfolg und vor allem Freude, denn Marketing und PR sind immer mehr als nur Arbeit: Es ist der Weg, auf dem Sie mit Ihren Kunden kommunizieren!

Bitte schreiben Sie mir (kontakt@markus-mensch.de), welche Erfahrungen, Erfolge oder auch Schwierigkeiten Sie mit diesem Buch haben. Ich hoffe, dass ich in diesem kleinen Buch die wichtigsten Dinge zusammengefasst habe, denn bekanntlich ist die Zeit bei Unternehmern immer knapp. Doch ich möchte auch von Ihnen lernen: Was lief für Sie gut, was ging leider doch schief? Ich freue mich sehr auf den Austausch mit Ihnen!

Ihr Markus Mensch

Online-Marketing

Das Online-Marketing bietet Ihnen viele verschiedene Möglichkeiten, auf sich und Ihr Unternehmen aufmerksam zu machen. Sie können Anzeigen breit streuen, mit vergleichsweise wenig Aufwand und geringen Kosten sehr viele potentielle Kunden erreichen oder aber genau Ihre Zielgruppe ansprechen. Dazu stehen Ihnen unterschiedliche Werkzeuge und Hilfsmittel zur Verfügung, auf die ich in diesem Kapitel genauer eingehen möchte. Welche für Sie tatsächlich geeignet sind, hängt natürlich von Ihrer Branche ab. Probieren Sie sich ruhig aus und beobachten Sie, welche Wirkung Sie auf welche Weise erzielen.

1. Erstellen Sie eine Webseite!

Eine Webseite gehört inzwischen zur Grundausstattung jedes Unternehmens. Nirgendwo können sich Ihre neuen Kunden besser und ungestörter über Sie und Ihre Angebote informieren. Außerdem bestimmen Sie allein, was Sie Ihren Interessenten mitteilen und wie Sie sich präsentieren. Sichern Sie sich also rechtzeitig eine passende Domain und richten Sie eine erste Webseite ein. Im Idealfall entspricht Ihre Unternehmensbezeichnung genau der Domain. Wenn dies nicht mehr möglich ist, bleibt Ihnen noch genug Zeit für Anpassungen, das Entwickeln neuer Ideen oder anderer Lösungen. Im Übrigen dauert die Einrichtung einer Domain nicht lange und ist lediglich mit geringen Kosten verbunden. Denken Sie jedoch auch daran, bereits jetzt passende E-Mail-Adressen einzurichten und eine erste Kommunikationsstruktur aufzubauen. Für geschäftliche Anfragen, Bewerbungen, Ausschreibungen und allgemeine Kontaktanfragen benötigen Sie unter Umständen unterschiedliche Adressen.

Während eine Domain schnell registriert ist, erfordert die Homepage selbst deutlich mehr Aufwand. Eine professionelle Web-Agentur veranschlagt dafür schnell vierstellige Beträge. Inwiefern Sie dies als junger Unternehmer leisten können oder wollen, bleibt Ihnen überlassen. Glücklicherweise gibt es jedoch Alternativen für Gründer mit einem sehr kleinen Budget. Ich empfehle Ihnen ausdrücklich keine Baukasten-Systeme eines Internetdienstanbieters. Verleihen Sie Ihrer Homepage stattdessen ein kreativeres Aussehen, indem Sie WordPress installieren. Einerseits ist WordPress für jeden kostenfrei, andererseits erhalten Sie gleichzeitig viele nützliche Anwendungen, die sich leicht einbinden lassen. Wenn die grafische Gestaltung nicht zu Ihren Stärken zählt, können Sie auch dieses Problem einfach lösen: Viele Anbieter stellen gegen eine einmalige Gebühr sogenannte Themes (grafische Oberflächen) zur Verfügung, die auf das Grundsystem von WordPress installiert werden. Einen dieser Anbieter finden Sie in meinem Anbieterverzeichnis.

Nachdem Sie Ihre Homepage erstellt und veröffentlicht haben, können Sie sie mit Facebook und anderen Portalen verknüpfen. Sobald Sie auf Ihrer Seite etwas aktualisieren, müssen Sie dies auf den Portalen auch tun. Sie treten dort mit Kunden und Interessenten in direkten Kontakt und sollten in jedem Fall ansprechbar sein und zeitnah reagieren. Eine nicht mehr gepflegte Internetpräsenz hinterlässt einen schlechten Eindruck. Stattdessen ist eine gute Homepage übersichtlich, weckt sofort Emotionen und lädt den Besucher zum Verweilen ein. Die ersten Sekunden sind entscheidend.

Die folgende Checkliste hilft Ihnen bei all Ihren Online-Auftritten:

- Wird der Besucher willkommen geheißen und sind alle wichtigen Daten schnell ersichtlich? Überlagernde Werbeanzeigen, Filme oder Fenster, die erst geschlossen werden müssen, schrecken ab.

- Sind die Kontaktdaten und das Impressum schnell zu finden und auf dem neuesten Stand?

- Kann sich der Besucher in einen Newsletter des Unternehmens eintragen oder auf einem anderen Weg in Kontakt mit Ihnen treten? Fordern Sie Ihn an irgendeiner Stelle gezielt dazu auf?

- Sind alle News aktuell und wird die Seite regelmäßig aktualisiert?

- Wodurch wird die Seite aktualisiert? Richten Sie zum Beispiel einen Blog ein und berichten Sie hin und wieder von den Dingen, die in Ihrem Unternehmen passieren. Gewähren Sie dem Besucher ein paar Einblicke.

- Betreuen Sie das Facebook-Profil selbst oder wird jemand beauftragt? An welche Kommunikationsregeln sollen sich alle Seitenbetreuer halten?

- Sind alle Bilder einladend und modern? Stockfotos aus Bildagenturen sind ein beliebtes Gestaltungsmittel, sollten aber möglichst genau zu Ihrem Unternehmensprofil passen.

- Haben Sie Angebote, die Sie kommunizieren können? Beschreiben Sie genau, was Sie auf welche Weise für Ihre Kunden tun.

- Entspricht die Webseite insgesamt dem Trend der Zeit?

- Ist Ihr Unternehmen in allen wichtigen Portalen eingetragen und verlinkt? Was und wen verlinken Sie selbst?

NOTIZEN

2. Eigene Werbetexte

Jedes Unternehmen veröffentlicht Werbetexte. Denn: Jeden Text, den Sie auf Ihrer Website veröffentlichen, können Sie als Werbetext bezeichnen. Er stellt Sie und Ihr Unternehmen vor und soll dafür sorgen, dass potentielle Kunden den Kontakt zu Ihnen suchen. Angesichts dessen ist es erschreckend, dass so viele Texte keine Aussage enthalten. Ich verstehe, dass es nicht leicht ist, über sich selbst einen Text zu schreiben. Aber verzichten Sie deswegen nicht auf gute eigene Werbetexte, besonders nicht auf Ihrer Webseite. Achten Sie vielmehr auf ein paar wichtige Punkte und halten Sie sich kurz. Gehen Sie nicht zu sehr auf Ihre Vorteile ein und auf das, was Sie alles können. Führen Sie stattdessen an, welche Vorteile der Kunde bei Ihnen hat.

Zwei Beispiele:

Vorher: Wir haben eigene Parkplätze vor unserem Geschäftsgebäude.

Besser: Parken Sie bei Ihrem nächsten Besuch kostenfrei auf unseren hauseigenen Parkplätzen.

Vorher: Gerne planen wir Ihr Event bei uns.

Besser: Lehnen Sie sich zurück, entspannen Sie sich, genießen Sie Ihre eigenen Feierlichkeiten und lassen Sie uns die Planung und Umsetzung Ihrer Veranstaltung durchführen.

Worin besteht der Unterschied? Sie versetzen sich erst einmal in die Position des Interessenten. Dieser hat bereits eine vage Idee, aber keinen konkreten Plan. Helfen Sie ihm weiter, indem Sie ihm die Entscheidung für den nächsten Schritt abnehmen und ihm eine freundliche Anweisung geben. Sobald sich Ihr Interessent mit dem Argument des Parkplatzes auseinandersetzt, hat er den Entschluss unbewusst bereits gefasst. Im zweiten Beispiel greifen Sie das Wohlbefinden Ihres neuen Kunden auf. Wer möchte sich nicht zurücklehnen, vertrauen und genießen? Das gelingt einem Kunden natürlich nur, wenn Sie sich als verlässlicher Partner zeigen. Aus diesem Grund haben Sie schließlich auch im Blick, dass es nicht nur um eine professionelle Organisation eines Events geht, sondern auch darum, dass sich alle Beteiligten wohlfühlen.

Ein weiteres Beispiel:

Rufen Sie uns jederzeit an und lassen Sie uns über Ihre geplante Veranstaltung sprechen. *oder:*

Fordern Sie hier ein kostenfreies Angebot an.

Mit diesen Sätzen geben Sie noch einmal klare Anweisungen, wie der Interessent sich nun verhalten soll. Dennoch lassen Sie ihm die Freiheit: Er kann ein Angebot einholen oder erst einmal mit Ihnen ins Gespräch kommen, ohne weitere Verpflichtungen einzugehen. Natürlich können Sie diese Sätze um weitere Informationen ergänzen, sodass Ihr neuer Kunde weiß, wie es in seiner Planung weitergehen könnte.

3. Facebook

Facebook ist eine der wichtigsten Webseiten, wird von sehr vielen Menschen regelmäßig genutzt, ist kostenfrei und bietet Ihnen als Unternehmer viele verschiedene Möglichkeiten. Das wichtigste Argument ist jedoch: Sie können hier noch einfacher und direkter mit Kunden und Interessenten in Kontakt treten, Fragen beantworten, Feedback erhalten und neue Zielgruppen ansprechen.

Erstellen Sie bitte keine Personenseite (ein übliches Profil), sondern eine Fan-Seite für Ihr Unternehmen. Der Unterschied besteht in erster Linie darin, dass Sie hier keine Freunde hinzufügen müssen, sondern Besucher einfach auf „Gefällt mir" klicken. Die Hemmschwelle dafür ist weitaus geringer und Sie müssen keine Anfragen bestätigen, sodass keine Wartezeiten entstehen. Nun kommt es darauf an, dass Ihre Seite Fans und Follower bekommt. Verzichten Sie bitte darauf, Fans für Ihre Seite zu kaufen. Zwar wird dieser Service von zahlreichen Agenturen angeboten, aber es handelt sich lediglich um eine große Anzahl von Profilen, die nicht mit Ihnen agieren werden. Zudem sehen Besucher Ihrer Seite schnell, ob die Anzahl der Fans angesichts der Interaktionen realistisch erscheint. Eine Seite mit mehreren tausend Fans und nur äußerst wenigen Likes und Reaktionen pro Beitrag wirkt eher unseriös.

Ein weiterer Aspekt: Sorgen Sie für regelmäßige Beiträge. Damit Sie bei Ihren Followern einen guten Eindruck hinterlassen, sollten Sie sie immer wieder direkt ansprechen und auch hin und wieder zur Interaktion auffordern. Der eine oder andere Ihrer Beiträge könnte auch für neue Kunden und Zielgruppen interessant sein, sodass Fans der Seite ihn teilen möchten. Darüber hinaus können Sie Ihre Follower an Ihrer Arbeit teilhaben lassen, indem Sie hin und wieder ein Bild posten, allgemeine Fragen stellen oder auf aktuelle Ereignisse (Wochenende, Urlaubszeit, Weihnachten etc.) Bezug nehmen. Vergessen Sie niemals, dass Sie mit Menschen agieren und nicht nur mit Kunden. Gute Dialoge zwischen Unternehmen und Followern schaffen Vertrauen und Sympathie. Ferner lässt sich eine Facebook-Seite auch unkompliziert für Promotion oder Gewinnspiele nutzen.

Damit Ihre Seite bekannter wird, können Sie im Übrigen via Facebook auch kostengünstige Anzeigen schalten und somit eine große Gruppe potentieller Kunden ansprechen. Der wichtigste Punkt zum Schluss: Ihre Seite benötigt unbedingt ein korrektes Impressum. Dort geben Sie an, wer für die Seite verantwortlich ist bzw. welches Unternehmen dahinter steht und wie man Kontakt zu Ihnen aufnehmen kann und Ihre Website erreicht.

NOTIZEN

4. Newsletter

Ein Newsletter wird leider viel zu oft vernachlässigt. Dabei ist er eine sehr gute Möglichkeit, um eine Adress-Datenbank aufzubauen. Schon vor der eigentlichen Eröffnung des Unternehmens kann Ihre Website online sein und den ersten Besuchern anbieten, sich in einen Newsletter einzutragen. Machen Sie dem Interessenten auch in wenigen Stichpunkten klar, welche Vorteile er davon hat.

Zu Beginn könnte er zum Beispiel einen Gutschein erhalten oder zur Eröffnung bzw. einem anderen Event eingeladen werden. Geben Sie ihm das Gefühl, dass er als Newsletter-Abonnent zu einem exklusiveren Kundenkreis gehört. Damit Ihnen jemand seine Daten gibt, müssen Sie ihm schließlich auch etwas bieten. Ich selbst arbeite gern mit dem Newsletter-System Cleverreach. Dieses ist übersichtlich aufgebaut und leicht verständlich, bietet viele Vorlagen und lässt sich mit wenig Aufwand personalisieren.

Schon von Anfang an sollten Sie sich Ihre Adress-Datenbank aufbauen. Auf Ihrer Webseite könnten Sie zum Beispiel auf die Gründung hinweisen und den Usern die Möglichkeit bieten, sich einzutragen, um so zur Einweihungsfeier eingeladen zu werden. Schon haben Sie zwei Punkte auf einmal: eine Vorstellung bei der Eröffnung und eine neue Adresse von einem interessierten Menschen. Ich selbst arbeite gerne mit Cleverreach. Das ist ein sehr einfaches System und bietet viele Vorlagen, die einfach zu personalisieren sind.

5. Onlineplattformen

Tragen Sie sich und Ihr Unternehmen in alle möglichen kostenfreien Unternehmensportale ein. Das klingt nach einer langwierigen und lästigen Fleißarbeit? Zugegeben, das ist es auch. Aber es lohnt sich, denn auf diese Weise locken Sie Besucher auf Ihre Webseite und werden in Suchmaschinen besser bewertet. Nutzen Sie zudem die Optionen, die Ihnen die Portale bieten. Beschreiben Sie Ihre Leistungen, wenn dies möglich ist. Fassen Sie die wichtigsten Punkte zusammen und geben Sie dem Interessenten die Möglichkeit, Sie schnell und einfach wiederzufinden oder zu kontaktieren.

6. Bewertungsportale

Ihr Ruf eilt Ihnen voraus. Wenn Sie gutes Marketing betreiben, spricht man über Ihr Unternehmen.

Wenn es sich dabei hin und wieder um kritische Stimmen handelt, müssen Sie lernen, damit umzugehen. Denn viel wichtiger ist, dass man überhaupt über Sie spricht. Aus diesem Grund sollten Sie sich einige Bewertungsportale aussuchen, die Sie empfehlen und regelmäßig pflegen. Weisen Sie Ihre Kunden auch darauf hin, dass sie Sie bewerten und ihre Erfahrungen teilen können. So können Sie einen Link zu einem Bewertungsportal zum Beispiel in einer E-Mail bzw. regelmäßig in der Signatur unterbringen.

Wichtig ist nun, dass Sie über jede neue Bewertung informiert werden und die Portale zuverlässig betreuen. Bei einer guten Bewertung ist durchaus Dank angebracht, denn schließlich freuen Sie sich auf eine weitere Zusammenarbeit. Bei kritischen Bewertungen ist absolute Professionalität gefragt: Reagieren Sie zügig, in einem freundlichen Ton und dialogbereit. Bieten Sie dem enttäuschten Kunden eine Lösung seines Problems an oder laden Sie ihn dazu ein, Ihnen per E-Mail mitzuteilen, welche Punkte aus seiner Sicht nicht zufriedenstellend waren.

Weder Unternehmensinterna noch persönliche Konflikte gehören in eine öffentliche Auseinandersetzung und es ist an Ihnen, in dieser Situation die Führung zu übernehmen. Wenn Sie Kritik und Reklamationen allerdings gut und zuvorkommend managen, könnte dennoch eine neue dauerhafte Zusammenarbeit entstehen. Nutzen Sie also unbedingt die Chancen, die mit einem Bewertungsportal verbunden sind.

7. Besucher für Ihre Webseite

Ihre Webseite ist fertig, Sie sind auf Facebook aktiv, haben sich in gängigen Bewertungsportalen und Unternehmensverzeichnissen angemeldet und warten nun darauf, dass die potentiellen Kunden endlich entdecken, was Sie geschaffen haben. Und nun bleiben die lang ersehnten Besucher aus?

In erster Linie werden Sie über Suchmaschinen wie Google auf sich aufmerksam machen. Welche Schlagworte nutzen Sie dafür, wie ist Ihre Website beschrieben? Sind Ihre Inhalte für Suchmaschinen optimiert? Ein Suchergebnis bei Google besteht in der Regel aus vier Zeilen: dem Titel (blau), dem Link (grün) und einer zweizeiligen Beschreibung, der sogenannten Meta-Description (schwarz).

Anhand dieser wenigen Zeichen muss ein Interessent wissen, womit er es zu tun hat. Das heißt: Ist der Name und der Zweck Ihres Unternehmens klar ersichtlich und verzichten Sie auf unnötige Details oder Abkürzungen? Die Meta-Description ist oftmals der erste Berührungspunkt, den Interessenten mit Ihrer Seite haben werden. Aus diesem Grund sollten Sie darauf ganz besonders achten. Eine perfekte Beschreibung ist nicht länger als 156 Zeichen (inklusive Leerzeichen) und muss das Interesse des Lesers erwecken. Vermeiden Sie also bloße Aufzählungen oder allgemeine Behauptungen („Wir sind die beste Agentur" oder „Hier finden Sie die beste Beratung"). Mithilfe von sogenannten Snippet-Generatoren können Sie testen, wie das Ergebnis in der Google-Suche letztlich aussieht.

Ein zweiter wichtiger Schritt ist die Verbindung mit anderen Seiten. Suchen Sie im Netz nach Webseiten, die Ihre Zielkunden interessieren, und treten Sie mit den Seitenbetreibern in Kontakt. Wenn diese einen Newsletter versenden oder eine Linkliste führen, können Sie sich unter Umständen dort einbinden und auf sich aufmerksam machen lassen. Allerdings ist dies erst dann empfehlenswert, wenn Ihre eigene Seite vollständig ist und ohne Probleme funktioniert.

Design Layout & Corporate Identity (CI)

Es wird Zeit, dass wir Ihrem Unternehmen ein Gesicht geben. Einen hohen Wiedererkennungswert erhalten Sie durch ein eigenes Logo. Ein solches Logo ist einzigartig und unverwechselbar, entfaltet sowohl auf kleiner als auch auf großer Fläche Wirkung und transportiert bereits die Kernbotschaft Ihres Unternehmens. Das klingt kompliziert oder sogar nach einer schier unmöglichen Aufgabe? Wer in Sachen Grafik und Design wenig Erfahrung hat, kann durchaus an dieser Aufgabe verzweifeln. Zumal ein Logo schließlich im besten Fall dauerhaft zu Ihrem Unternehmen gehören soll. Es spricht nichts dagegen, wenn Sie erst einmal selbst das eine oder andere Logo erstellen oder auch eines der vielen kostenfreien Online-Tools dafür nutzen. Zeit und Geld für eine professionelle Agentur fehlen bekanntlich gerade am Anfang. Sammeln Sie eine Reihe von Ideen und Kreationen, vergleichen Sie sie in Ruhe miteinander und holen Sie weitere Meinungen ein, wenn Sie unsicher sind. Als junger Unternehmer und euphorischer Gründer verliert man leider gelegentlich den Blick für bestimmte Details und lenkt seine Aufmerksamkeit rasch wieder auf einen der vielen anderen Aspekte.

1. Der Name des Unternehmens

Einem Logo vorausgehen sollte selbstverständlich eine kluge Namens-wahl. Zu lange Namen sind aus meiner Sicht nicht empfehlenswert. Einen Wiedererkennungswert benötigen Sie mit Ihrem Namen den-noch. Worauf kommt es also an?

1. Wer sind Sie und was macht Sie aus? Mit welchen Keywords be-schreiben Sie Ihr Unternehmen und Ihre Idee? Die Philosophie, die hinter Ihrer Gründung steht, soll schließlich auch durch den Namen repräsentiert werden. Hinter „Veranstaltungsplanung Müller" verbirgt sich in der Regel etwas anderes als hinter „Blue Sky Events". Welche Zielgruppen sind für Sie relevant?

2. Auf ins Brainstorming! Online-Tools können auch bei der Namens-findung wertvolle Inspirationen liefern und dann weiterhelfen, wenn die eigene Kreativität einen neuen Input benötigt.

3. Wie klingt und wirkt das Ergebnis? Ziehen Sie auch hier Menschen zurate, die an der Namensfindung nicht beteiligt waren.

4. Klären Sie rechtliche Fragen! Gibt es einen solchen oder ähnlichen Unternehmensnamen bereits? Finden Sie eine passende und freie Do-main? Wollen Sie Ihren Namen selbst schützen lassen? Zudem müssen je nach Rechtsform Ihres Unternehmens bestimmte Dinge Bestandteil der Unternehmensbezeichnung sein. Informieren Sie sich rechtzeitig über diese Belange, um späteren Problemen aus dem Weg zu gehen.

2. Formen, Farben, Innendesigns

Der nächste Schritt besteht darin, die Farben und die Formen des Unternehmens festzulegen. Farben sorgen nicht nur für einen Wiedererkennungswert, sondern transportieren auch Botschaften und sprechen wiederum unterschiedliche Zielgruppen an. Welches Image braucht Ihr Unternehmen? Wie möchten Sie auftreten? Ökonomisch, strukturiert, streng und effizient oder unkonventionell, kreativ und locker? Geht es darum, dass Kunden bei wichtigen Fragen eng begleitet werden oder soll Ihr Kunde Ihnen zwar vertrauen, aber Ihnen auch große Freiheiten zugestehen? Welche Unternehmenskultur soll täglich gelebt werden? Anders gefragt: Halten Sie Feel-Good-Manager für wichtiger als jemanden, der Ihren für die Zukunft erträumten Gang an die Börse vorbereitet?

Ein entscheidender Teil Ihrer Corporate Identity ist auch die Inneneinrichtung. Viele Unternehmen haben es geschafft, dass ein Bild des Büros ohne Namen dennoch sofort zugeordnet werden kann. Natürlich können Sie auch nach der Eröffnung noch Dinge verändern ohne den Wiedererkennungswert zu verlieren, aber die wesentlichen Entscheidungen werden viel früher getroffen. Bevor Sie einen umfassenden Relaunch in Betracht ziehen, sollte sich Ihr Unternehmen schließlich erst einmal auf dem Markt etabliert haben.

3. Ein Bild sagt mehr als tausend Worte

Und so ist es in jeder Branche: Schlechte Bilder auf Flyern, Webseiten oder Anzeigen machen jede Aktion zunichte. Gekaufte Bilder bieten leider auch nicht immer die beste Lösung.

Ihr Unternehmen verkauft schließlich nicht nur Leistungen, sondern auch Emotionen. Damit binden Sie Kunden an sich. Zeigen Sie sich und Ihre Mitarbeiter ruhig auf Bildern oder Videos. Begeistern Sie Interessierte mit Ihren einmaligen Fähigkeiten, den stylischen und gemütlichen Räumlichkeiten, den Goodies und Besonderheiten oder den freundlichen Kollegen. Aber: Nicht einmal der freundlichste Mitarbeiter kommt bei einem schlechten Foto gut an.

Sparen Sie nicht an der falschen Stelle, sondern investieren Sie etwas Geld in gute Bilder. Falscher Spardrang führt zu Umsatzeinbußen. Ich weiß, diese Aussage ist hart, aber sie kommt von Herzen. Im Übrigen muss es nicht immer der bekannteste Szene-Fotograf mit den höchsten Tagessätzen sein. Nehmen Sie sich lieber etwas mehr Zeit für die Suche und entwickeln Sie selbst eine Vorstellung davon, was Sie mit Ihren Bildern transportieren möchten. Eine klare Kommunikation erleichtert schließlich die Zusammenarbeit.

NOTIZEN

Empfehlungs-Marketing

Bringen Sie Ihre Kunden dazu, dass sie Sie weiterempfehlen! Fördern Sie diese Aktion, so gut Sie können. Keine Form des Marketings ist günstiger und effektiver. Denn in erster Linie überzeugen Sie durch Ihre vorherige Arbeit und den guten Umgang miteinander. Von derart positiven Erfahrungen erzählen die meisten Kunden letztlich gern und tragen auf diese Weise Ihren Namen weiter.

1. Nachbarschaft

Stellen Sie sich noch heute bei den Nachbarn in Ihrer Straße vor. Denn wenn die Menschen Sie dort nicht kennen, wer soll Sie dann finden? Es wäre kein gutes Zeichen, wenn ein neuer Kunde Ihr Unternehmen sucht und bei einem Nachbargeschäft fragt, wo Sie sind, und der Verkäufer oder Inhaber selbst nicht weiß, dass es Sie gibt.

Was sagt dies über ein Unternehmen aus? Sagen Sie locker Hallo und laden Sie Ihre Nachbarn zur Einweihung ein. Versuchen Sie auch, Ihre privaten Besorgungen in der Nachbarschaft zu erledigen. Sie könnten beispielsweise einmal monatlich zum Friseur um die Ecke gehen. Ein Friseur hat am Tag mindestens sechs bis acht Kunden und es wird fast immer viel geredet. Sorgen Sie also dafür, dass Ihr Friseur Ihr Fan wird. Vom gegenseitigen Empfehlen profitieren schließlich alle Beteiligten. Ein Rechenbeispiel: Sechs Kunden täglich ergeben bei 20 Arbeitstagen pro Monat 120 Kontakte. Je mehr Geschäfte Sie besuchen, desto besser für Sie. Betreiben Sie in Ihrer Straße Empfehlungsmarketing – es kostet Sie nur ein Lächeln und einige freundliche Worte.

2. Eigene Veranstaltungen

Sei es Ihre Eröffnungsfeier oder ein Geburtstag: Setzen Sie sich immer in Szene. Zwei bis drei Events sollten Sie im Jahr für Ihre Stammkunden und zur Neukundengewinnung organisieren.

Sie könnten auch ein Sommerfest, ein Stammkundenevent, eine Officeparty mit Live-Musik oder einen Adventsbrunch planen. Wichtig ist immer, dass Sie im Vorfeld so viele Menschen wie möglich ansprechen. Haben Sie keine Angst, dass es zu viele sein könnten. Denn wenn Sie – wie ich damals – über 15.000 Newsletterabonnenten haben, dann verlosen Sie doch die Plätze. Und leider kommen auch nicht immer alle, die zugesagt haben. Rechnen Sie damit, dass rund 20 Prozent weniger Gäste erscheinen werden als zugesagt haben.

Laden Sie außerdem Redakteure ein. Oft hilft es auch, prominente Gäste auf einer Veranstaltung begrüßen zu dürfen. Hier sollten Sie einfach Ihr Netzwerk aufbauen und pflegen. Nutzen Sie sonst auch die Hilfe einer Agentur für diesen Punkt. Planen Sie zusätzlich einen Fotografen mit ein oder lassen Sie ein Video von dem Event erstellen.

Bilder und Videos können Sie später wieder in Ihrem Netzwerk, via Facebook und als Newsletter versenden. Ein gutes Event zahlt sich immer aus und hebt sich deutlich von Flyeraktionen oder Werbeanzeigen ab. Lassen Sie sich bei Events auch von Ihren Lieferanten und Produzenten unterstützen. Viele stellen gerne Freiware zur Verfügung, um ihrerseits selbst neue Produkte vorzustellen. Fragen Sie auch Ihre Nachbarn, ob sie Interesse haben, sich bei dem Event zu präsentieren oder wenigstens als Gast teilzunehmen.

3. Referenz-Projekte

Nutzen Sie Leerläufe, um bekannten Firmen oder Kontakten zu Sonderkonditionen oder kostenfrei zu helfen und nutzen Sie diese als Referenz, um neue Kunden für Sie zu begeistern. Zeigen Sie bei solchen Aktionen, was Sie können und was Sie von Mitbewerbern unterscheidet. Daher ist es auch nötig, im Vorfeld für diese Projekte zu planen. Setzen Sie etwas nur um, wenn es auch einen individuellen Ansatz gibt.

4. Kooperationen

In unserer anonymen Gesellschaft reden wir leider viel zu wenig mit unseren Mitmenschen. Schnell sind wir über Onlineportale verbunden oder befreundet, jedoch wissen wir meist kaum etwas über die Bedürfnisse unseres Gegenübers. Ändern Sie das! Machen Sie noch heute Termine mit Ihren Kontakten und Bekannten aus. Fragen Sie nach: „Was suchst du, was kann ich für dich tun?" Jeder von uns sucht Kontakte oder Kunden, jedoch fällt es allen meist sehr schwer. Gehen Sie Kooperationen ein und machen Sie so Ihr Unternehmen bekannter.

Fragen Sie sich selbst: Wo gehen Ihre Neukunden jeden Tag hin? Ins Fitnessstudio um die Ecke? In die Galerie vorne an der Kreuzung?

Im nächsten Schritt versuchen Sie, die jeweiligen Ansprechpartner zu erreichen, um einen Termin zu vereinbaren und gemeinsame Ideen auszuarbeiten. Überlegen Sie sich vorher, welche Vorteile Ihr Gegenüber von einer Kooperation hätte und wie das gemeinsame Projekt aussehen könnte. Wenn Sie schlecht vorbereitet einen solchen Vorstoß wagen, könnten Sie im schlimmsten Fall Ihrem eigenen Ruf schaden. Dennoch gehört zum Leben als Unternehmer immer auch Mut und die Bereitschaft, nach Absagen oder Rückschlägen aufzustehen und den eigenen Weg weiter zu verfolgen.

NOTIZEN

Kundenbindung

Die Bindung der Kunden sorgt für langfristigen Erfolg, macht Sie und Ihr Unternehmen bekannter und hilf Ihnen auch dann weiter, wenn über einen längeren Zeitraum keine neuen Kunden gewonnen werden können. Wie gelingt es also, dass Sie Ihre Kunden an sich binden und immer wieder mit ihnen in Kontakt treten können?

1. Meinungskarten

Fragen Sie gezielt nach der Meinung Ihrer Kunden und fordern Sie sie dazu auf, Ihnen ehrlich Feedback zu geben. Die Hemmschwelle ist hier vergleichsweise niedrig und Sie können davon ausgehen, dass die Antworten aufrichtig sind. Nehmen Sie die Kritik ernst, denn nur so können Sie sich verbessern und auf die Wünsche Ihrer Kunden eingehen.

Zum anderen können Sie neue Adressen für Ihren Newsletter erhalten. Machen Sie zum Beispiel ein Gewinnspiel und verlosen Sie Gutscheine in Bezug auf Ihr Unternehmen oder fragen Sie Bekannte in Ihrem Netzwerk, ob diese etwas zur Verfügung stellen wollen. Wenn Sie für Aktionen Partner gewinnen können, profitieren schließlich beide Seiten davon und Sie werden bei der nächsten Aktion des Partners ebenfalls berücksichtigt. Wie könnten also Fragen auf den Meinungskarten aussehen?

Hier ein paar Beispiele:

- Woher kennen Sie uns? (Diese Auswahlfrage eignet sich auch gut, um den Erfolg Ihrer Werbemaßnahmen zu überprüfen.) a) Stadtzeitung oder Werbeblätter / b) Flyer oder Plakate / c) Tageszeitung / d) Online-Portale, Suchmaschinen / e) Empfehlung von Bekannten oder Freunden f) Andere

- Waren Sie mit dem heutigen Besuch/der Beratung insgesamt zufrieden?

- Für welche Themen interessieren Sie sich? (Gehen Sie hier auf Ihr Angebot ein.)

- Wie wahrscheinlich ist es, dass Sie uns weiterempfehlen? (Nutzen Sie hier ruhig eine fünfstufige Skala.)

- Welche Anregungen und Hinweise möchten Sie uns mit auf den Weg geben?

Wichtig: Bitte lassen Sie sich vom Kunden die Adresse und E-Mail-Adresse geben und auch das Einverständnis zur Speicherung und Nutzung der Daten. Sonst können Sie diese Adresse nicht für Ihre Werbezwecke nutzen. Akzeptieren Sie es aber auch, wenn jemand weder Ihren Newsletter abonnieren noch Werbung von Ihnen erhalten möchte.

2. Geburtstagsgrüße

Jeder von uns freut sich über eine Geburtstagskarte, warum nicht auch Ihre Kunden?

Machen Sie Ihren Kunden eine Freude und überraschen Sie sie. Vielleicht auch mit einem kleinen Geschenk? Denken Sie auch daran, dass eine Postkarte immer hochwertiger als eine E-Mail ist. Eine E-Mail wird oft als Werbung oder als Automatismus erkannt. Eine handgeschriebene Karte zeigt hingegen eine besondere Wertschätzung. Legen Sie als Geschenk zum Beispiel einen Gutschein oder ein nützliches Werbemittel bei.

3. Werbeanzeigen

Sollten Sie einmal den Weg einschlagen, Anzeigen in der Tagespresse oder in Magazinen zu buchen, beachten Sie bitte: Erst nach mehrmaligem Betrachten einer Werbung macht sich der Leser über einen Kauf oder Besuch Gedanken. Für Sie bedeutet es, dass es mit dem Schalten einer einzigen Anzeige nicht getan ist. Mehrfachschaltungen sowie in verschiedenen Medien sind für eine erfolgreiche Kampagne ebenso Pflicht wie eine ausgefallene Anzeige, die zum Leserpublikum passt.

NOTIZEN

Public Relations

So, nun geht es ans Eingemachte! Public Relations, kurz PR oder auch Öffentlichkeitsarbeit genannt. Ich könnte sicher noch weitere Bücher und Ratgeber mit meinen Erfahrungen füllen. Jedoch wollen wir alles, was ich in diesem Buch schreibe, sofort umsetzen.

An dieser Stelle versuche ich, das Wichtigste in wenige Sätze zu fassen. Auf diese Weise kann ich zwar ein Thema nicht vollständig erläutern, aber zumindest anreißen und Sie darüber informieren.

Was für Sie letztlich relevant ist, hängt ohnehin von Ihrer Branche und Ihrem Unternehmen selbst ab. Je mehr Sie allerdings jetzt schon darüber wissen, desto besser können Sie sich über Detailfragen informieren. Wenn Sie nun mit Ihrem Unternehmen an die Öffentlichkeit gehen und dieser etwas mitteilen möchten, stellen Sie sich vor allem diese eine Frage: „Interessiert das Thema die Menschen überhaupt?"

Wenn Sie Erfolg in der Presse verbuchen möchten, dann erfinden Sie sich immer wieder neu!

Kreieren Sie eine Geschichte über Ihre Mitarbeiter, gehen Sie auf aktuelle Geschehnisse ein und bilden Sie mit Ihrer Aussage eine Meinung. Aber all das hilft Ihnen leider nichts, wenn Sie keine Kontakte zu der Presse pflegen. Also beginnen wir mit der Arbeit an der Basis.

1. Kontakt zu Redaktionen

Am besten starten Sie mit der Kontaktaufnahme bei Ihrer Eröffnung, denn viele Medien wollen am Puls der Zeit sein und stellen ihren Lesern gern neue Dinge vor. Das gilt vor allem dann, wenn Sie in einer sehr ruhigen Region leben und große Ereignisse selten sind.

Ich empfehle Ihnen, einfach online nach Ihrem Medium zu suchen, dort anzurufen und nach einem passenden Ansprechpartner zu fragen. Bitte erwarten Sie nicht zu viel. Sie können sich sicher vorstellen, nicht der Einzige an dem Tag zu sein, der eine gute Idee für einen Beitrag hat. Was macht Sie also besonders interessant? Welchen Punkt könnte man in einem Artikel über Sie hervorheben? Stoßen Sie in ein ganz neues Geschäftsfeld vor, sind junge Unternehmer in Ihrer Branche selten, decken Sie einen besonderen Bedarf?

Laden Sie den Redakteur ein und fragen Sie nach seiner E-Mail-Adresse für die Zusendung der Einladung. Wenn er keine Zeit haben sollte, laden Sie ihn zu einem Termin ein. Wenn Sie den Redakteur in Ihrem Haus begrüßen, kümmern Sie sich um ihn.

Erzählen Sie ihm Ihre Geschichte und räumen Sie ihm

auch Zeit zum Verweilen ein.

Nach dem Erstkontakt können Sie nachfragen, ob alles zu seiner Zufriedenheit war und ob Sie ihm vielleicht Bilder und Texte zusenden dürfen. Auf die Texte werde ich später noch einmal eingehen.

Herzlichen Glückwunsch, nun haben Sie Ihren ersten Pressekontakt. Sie können nun sicher verstehen, warum Pressearbeit bei Agenturen so kostenintensiv ist. Viel Zeit muss aufgebracht werden, ohne mit einem Ergebnis rechnen zu können. Wiederholen Sie diesen Ablauf mit jeder Zeitung sowie jedem Online- und Printmagazin, welches zu Ihrer Zielgruppe passt. Vielleicht kommt auch ein erstes Presse-Event infrage, sodass Sie gezielt mehrere Journalisten oder Blogger einladen können.

2. Presse-Kit

Ein Presse-Kit ist eine elektronische Pressemappe, die Sie am besten auf Ihrer Webseite einbinden. Es ist sehr wichtig, wenn ein Redakteur sich für Sie entscheidet, schnell zu liefern. Stellen Sie sich vor, zu einem Thema in der nächsten geplanten Ausgabe passt Ihr Unternehmen.

Der Redakteur erinnert sich an Sie und ruft Sie an. Er bittet um Bilder und Infos, Sie sind aber leider nicht im Büro oder nicht zu erreichen. Somit wird sich der Redakteur vielleicht an ein anderes Haus wenden. Dies ist kein schöner Ausblick, oder? Also gehen wir dies sofort an! Erstellen Sie sich einen Account, zum Beispiel bei Dropbox (https://db.tt/PdzPWzkD), und legen Sie einen Ordner „Presse-Kit" an. Sie können, indem Sie den Link zu dem Ordner auf Ihrer Webseite einfügen, für alle eine Zugangsmöglichkeit schaffen.

In ein Presse-Kit gehört eine offizielle Pressemitteilung über das Unternehmen inklusive der Historie und Infos zu Ihrer Person. Auch eine Vielzahl an hochauflösenden Bildern von den Räumlichkeiten, Angeboten, Impressionen, Angestellten und Ihnen sollte dort hinterlegt werden. Ich selbst lege immer noch das Logo bei, daher können auch Kooperationspartner sich schnell selbst das Logo aus dem Ordner nehmen.

Bitte beachten Sie, dass ein Presse-Kit immer aktuell ist!

3. Pressemitteilungen (PM)

Wenn wir von Pressetexten und von PMs sprechen, meinen wir Pressemitteilungen.

Ein Journalist erhält oft Hunderte Pressemitteilungen täglich und steht vor der Aufgabe, sie möglichst schnell zu sichten und aus der Informationsflut auszuwählen. Daher versuchen Sie, mit Ihrer Pressemitteilung aufzufallen. Die Überschrift entscheidet hier über Erfolg oder Niederlage.

Wenn Sie bei Pressemitteilungen gewisse stilistische Richtlinien nicht berücksichtigen, wirken diese oftmals unseriös und wenig glaubhaft. Aus diesem Grund wandern Pressemitteilungen, die nicht der „Norm" oder einem bestimmten Standard entsprechen, schnell in den Papierkorb.

Beachten Sie unbedingt die W-Fragen:

wer, wo, wann, was, wie und warum?

Und bitte beginnen Sie eine PM immer mit der Überschrift „Pressemitteilung" und dem Datum.

Ich empfehle Ihnen, die erste Pressemitteilung über Ihr Haus von einer Agentur erstellen zu lassen. Daraus ergeben sich zwei Vorteile: Sie müssen nicht über sich selbst schreiben und haben zudem eine Vorlage für spätere Mitteilungen. Schließlich soll der erste Auftritt stets professionell wirken.

4. Pressebilder

Wenn Sie für Ihr Unternehmen Bilder anfertigen lassen, besprechen Sie bitte mit dem Fotografen im Vorfeld die Bildrechte. Bei einer Bildveröffentlichung werden immer die Quellen angegeben und diese müssen rechtlich korrekt sein. Besteht ein Fotograf darauf, können Sie diese Information dem Redakteur nicht vorenthalten.

5. Blogger

Neben den bekannten Tageszeitungen und Magazinen sowie Online-Redaktionen gibt es eine Vielzahl an meist privaten Bloggern, die ihrer Community Empfehlungen aussprechen. Schon länger haben erfolgreiche PR-Agenturen diese Macht erkannt und zum Teil Blogger eingestellt, die sich um diesen Markt kümmern.

Ich empfehle, nur Kontakt mit Bloggern aufzunehmen, wenn Sie sicher im Umgang mit den klassischen Redakteuren sind. Jeder Blogger ist anders und muss daher sensibel angesprochen werden.

Einige freuen sich schon über eine Einladung mit Begleitung und schreiben als Dankeschön automatisch positiv über Ihr Unternehmen. Andere würden eine Einladung als Bestechung ansehen und eher ablehnen, um ihre Integrität unter Beweis zu stellen. Eine durchaus komplizierte Gruppe sind auch die Tester, die sich zwar gern einladen lassen und sich zufrieden zeigen, dann aber doch ein vernichtendes Gesamturteil schreiben. Sie sehen: Blogger sind eine eigener Spezies und es gibt weit mehr als diese drei genannten Arten. Im Laufe der Jahre habe ich noch viele weitere kennengelernt. Und offen gesagt sind wir nicht immer Freunde geworden.

6. Portale

Nutzen Sie auch die unzähligen Portale, um Pressemitteilungen online zu veröffentlichen. Oft sind diese Dienste einmalig oder auch dauerhaft kostenfrei. Bei den Kostenfreien ist zu beachten: Wenn Sie eine Änderung oder eine Löschung wünschen, werden hier Gebühren fällig. Der Vorteil bei diesen Portalen ist allerdings, dass Suchmaschinen Ihre Website listen.

7. Interne PR

In vielen Unternehmen wird die interne PR-Arbeit oft vernachlässigt oder nicht einmal beachtet. Es liegt jedoch oft auch an der Unwissenheit der Führungsebene darüber, welche Vorteile die interne PR-Arbeit für das Wachstum und die Stabilität haben kann. In vielen Betrieben liegt dieser Bereich in der Hand der Personalabteilung und endet am sogenannten schwarzen Brett. Für uns PR-Fachleute ist dies ein eher trauriger Anblick.

Viele Probleme, die große Unternehmen haben, könnten oftmals die eigenen Angestellten lösen. Bleiben wir bei einem Beispiel in der Branche Gastronomie und Hotellerie. Freie Tische, zu wenig Aushilfen und Angestellte oder wenig Präsenz in den sozialen Netzwerken könnten so einfach aus der Welt geschafft werden.

Oftmals kennen sich Kollegen einer Branche untereinander sehr gut. Fühlt sich ein Mitarbeiter einem Unternehmen verbunden und weiß er, dass freie Stellen zu vergeben sind, ist der Weg zur Arbeitgeberempfehlung nicht weit. Das tägliche Einloggen im Betrieb bei Facebook oder Instagram lässt Ihr Unternehmen im Netz immer wieder ins Gespräch kommen und die Kontakte Ihrer Mitarbeiter erfahren davon.

Erzeugen Sie ein „Wir-Gefühl" und nehmen Sie Ihre Angestellten an die Hand, unterstützen Sie diese bei Weiterbildungen und Wettbewerben. Nehmen Sie sich das gemeinsame Gewinnen zum Ziel und arbeiten Sie zusammen im Team, damit Ihr Mitarbeiter einen Pokal nach Hause holt.

So schnell kann aus einer internen PR-Arbeit eine öffentliche PR-Arbeit werden und daraus auch ein wichtiges Marketing-Tool entstehen.

8. Prominente

Ein großer Bestandteil bei der Pressearbeit sind Personen des öffentlichen Lebens. Sollten Sie Kunden aus TV und Film betreuen, klären Sie im Vorfeld ab, ob diese Information auch an die Presse gelangen darf. Ebenso wenn Sie VIPs auf Ihren Veranstaltungen begrüßen. Geben Sie die Gästeliste des Abends an Ihren Pressekontakt weiter, oft können Redakteure aus dem Bereich Boulevard einen Bericht veröffentlichen. Wer im Übrigen als prominent gilt, hängt stark von Ihrem Umfeld ab.

NOTIZEN

YouTube-Extra

Sie möchten Ihren Kanal in ein florierendes Geschäft verwandeln? Dann sind Sie nun auf dem besten Weg dazu. Wir haben die besten Tipps von Videokünstlern, Akteuren, Unternehmen und Marken für Sie gesammelt. Sie profitieren von dem Know-how, das schon viele User zum Erfolg geführt hat. Damit heben Sie sich von vielen amateurhaften Kanälen ab und sorgen von Beginn an für einen professionellen Auftritt in jedem Ihrer Videos.

1. Eine Vision für Ihr Geschäft festlegen

Wenn Sie Ihren Kanal zum Erfolg führen möchten, dann steht am Anfang vor allem eine Frage: Wofür stehen Sie und Ihr Unternehmen, wofür steht Ihre Marke? Beantworten Sie diese Frage so klar wie möglich für sich und bringen Sie die Antwort zu Papier. Halten Sie sich diese Botschaft immer wieder vor Augen, denn daran wird sich Ihre Strategie später ausrichten. Beschreiben Sie anschließend Ihre Ziele möglichst konkret und erstellen sie einen Rahmen, der Sie beim Erreichen der Ziele unterstützen soll. Was ist darunter zu verstehen?

Finden Sie zunächst einmal heraus, was Sie inspiriert.

Welche Videos gefallen Ihnen und warum?

Welche Inhalte hinterlassen Eindruck?

Wenn Sie eine Marke aufbauen, dann müssen Sie zu einhundert Prozent dahinter stehen. Denn nur wenn diese Voraussetzung erfüllt ist, werden Sie auf Dauer motiviert bleiben und Energie in neue Videos und Ideen investieren können. Wenn Sie bereits Videos oder Blogbeiträge veröffentlicht haben, können Sie auch diese nutzen. Was hat Ihnen am meisten Freude bereitet? Worauf sind Sie stolz? Welche Aspekte waren Ihnen dabei besonders wichtig? Was wollten Sie zum Ausdruck bringen?

Ein weiterer Teil der Marke wird durch die Community bestimmt, die Ihren Kanal unterstützt. Wenn ein Teil Ihres Videokanals zum geschäftlichen Erfolg werden soll, dann spielt diese Community eine tragende Rolle, denn sie ist schließlich die Zielgruppe. Dort setzt bekanntlich gutes Marketing an. Diese User werden Ihnen zuerst zeigen, welche Ihrer Entscheidungen gut waren und welche leider nicht.

Der Zuschauer muss an den Videos Gefallen finden und wird Ihnen dies direkt und indirekt mitteilen. Achten Sie darauf, wenn Sie Ihre bisherige Richtung überdenken oder ohnehin einen neuen Kurs einschlagen wollen. Fördern Sie die Interaktion, indem Sie zum Kommentieren auffordern und nach den Erfahrungen der Zuschauer mit einem bestimmten Thema fragen. Zudem kann die Community auch Themen für weitere Videos vorschlagen, wenn Sie es möchten. Hören Sie in jedem Fall auf das Feedback und zeigen Sie den Usern, dass Sie sie ernst nehmen.

Schließlich geht es darum, dass Sie Ihre eigene Position beurteilen. Welchen Platz nimmt Ihre Marke bzw. nehmen Ihre Videos auf YouTube ein? Gibt es viel Konkurrenz und wie präsentiert sich diese? Oder bewegen Sie sich in einem Gebiet, dass bislang wenig gefragt ist? Gehen Sie mit Ihren Videos also gänzlich neue Wege oder schwimmen Sie auf einer Welle mit? Je besser Sie Ihre momentane Position bestimmen können, desto leichter können Sie daraus eine Strategie für die Zukunft entwickeln. Wohin soll die Reise Ihrer Marke überhaupt gehen? Und welchen Mehrwert haben Ihre Videos, der Sie von den anderen abhebt?

Einen weiteren wichtigen Punkt dürfen Sie nicht aus den Augen verlieren: Es geht vor allem darum, dass Ihre Videos Sie selbst begeistern, denn nur dann treten Sie überzeugend auf und vermitteln glaubhaft Ihre Botschaft. Sie beschäftigen sich automatisch detailverliebter und intensiver mit Themen, die Ihre Leidenschaft treffen.

Nun wissen die wenigsten schon zu Beginn, welche Themen das sind. Betrachten Sie Ihr Schaffen auf YouTube also auch als einen Prozess der persönlichen Weiterentwicklung. Diese Entwicklung werden Sie auch bei den meisten Kanälen erfolgreicher YouTube-Akteure beobachten können, wenn Sie einmal Videos aus deren Anfangszeit betrachten. Das heißt jedoch nicht, dass Sie Ihre Videobeiträge nicht trotzdem auch schon zu Beginn hochwertig produzieren sollen.

2. Werbung für Ihre Marke machen

Sie bringen Ihren Kanal und damit auch Ihr Unternehmen voran, indem Sie sich in den Medien und auf anderen Plattformen präsentieren. Videokünstler werden zunehmend auch in anderen Medien vorgestellt und bekommen die Gelegenheit, sich dort zu präsentieren.

Diese Gelegenheit sollten Sie nicht ungenutzt verstreichen lassen. Bevor Sie jedoch eine Einladung akzeptieren, setzen Sie sich mit der Art des Projektes, der Geschichte, dem Ort und dem Publikum auseinander. Wenn jemand zum Beispiel Ihre Videos über seinen Kanal verbreiten möchte, sollten die übrigen Inhalte zueinanderpassen und im besten Fall eine gegenseitige Sympathie herrschen.

Hier gilt, was auch im Offline-Marketing wichtig ist: Mit sympathischen Partnern kooperiert man gern und beiden Seiten ist an einer längerfristigen gegenseitigen Unterstützung gelegen. Bevor Sie einer Kooperation zustimmen, müssen Sie abschätzen können, inwiefern Ihre Marke und Sie selbst davon profitieren.

Überlegen Sie sich außerdem, was Sie sich von öffentlichen Auftritten versprechen. YouTube-Events sind eine großartige Gelegenheit, um Aufmerksamkeit zu bekommen. Doch bringt Ihnen diese Aufmerksamkeit auch neue Kunden? Wenn das Setting nicht zu passen scheint, lehnen Sie eine Einladung lieber ab. Entscheiden Sie sich doch dafür, kommen Sie meist mit einem Koordinator in Kontakt. Mit diesem besprechen Sie, wie Sie in Erscheinung treten wollen und wie Ihre Marke präsentiert werden soll. Darüber hinaus werden weitere Details, Werbung, Ankündigungen, Deals und die eigene Geschichte besprochen.

Denn Sie wissen, dass es bei YouTube-Videos nicht nur um den Film an sich geht, sondern auch um die Person dahinter.

Spätestens jetzt kommt auch Ihr Presse-Kit zum Einsatz. Dieses sollten Sie um einen Lebenslauf, Links zu den besten Videos und einer Art Visitenkarte für Ihren eigenen Kanal ergänzt haben. Nutzen Sie die Chance, um die Ziele, Werte und Missionen zu verdeutlichen, die Sie mit Ihrem Kanal verfolgen. Stellen Sie heraus, was Ihnen wichtig ist und worüber Sie Ihre Zuschauer informieren wollen.

3. Eigene Präsentation perfektionieren

Sie haben sich bislang über Ihr Publikum informiert, Ihre Zielgruppe kennengelernt und Beziehungen zur Ihrer Community geknüpft. Außerdem wissen Sie, wie hoch die Investitionen in Ihre Videos sind. Neben einer technischen Grundausstattung und Videoschnittsoftware benötigen Sie zu Beginn vor allem Zeit. Wenn Sie Ihr Unternehmen oder eines Ihrer Projekte in einem Video präsentieren, sind gewisse Fehler unverzeihlich. Im schlimmsten Fall haben Sie viel Zeit und Energie in ein Video investiert und die Kernaussagen vernachlässigt, sodass die Zuschauer dem Inhalt nichts entnehmen können. Worauf gilt es also zu achten? Betrachten Sie ein Video wie ein Verkaufsgespräch.

1. Erklären Sie in einer *Einleitung*, worum es geht. Bieten Sie eine kurze Zusammenfassung, schaffen Sie eine vertrauensvolle Basis für eine spätere Zusammenarbeit und gewinnen Sie die Aufmerksamkeit der Zuschauer. Achten Sie auf eine fehlerfreie und dennoch lockere Präsentation, schreiben Sie zuvor ein Skript und setzen Sie sich genau damit auseinander. Je sicherer Sie wirken, desto besser. Nennen Sie in der Einleitung unbedingt auch zwei bis drei positive Punkte (Statistiken, Erfolge), die Sie sofort in ein gutes Licht rücken. Fehlende Erfahrung oder frühere Misserfolge sollten Sie hingegen nicht erwähnen.

2. Fassen Sie den *Grundgedanken* kurz und bündig zusammen. Der Zuschauer erfährt nun etwas über die Eckdaten des Projektes und Ihr Ziel.

3. Liefern Sie gute *Gründe*. Was spricht ausgerechnet für Sie und womit heben Sie sich von anderen ab? Ihre Zielgruppe und Ihr Wertversprechen sind entscheidend. Wofür treten Sie ein und weshalb?

4. Was ist der *Status* des Projektes oder Unternehmens? Haben Sie bereits mit der praktischen Umsetzung begonnen, erste Erfahrungen gemacht, Feedback bekommen oder Probleme gelöst?

5. Platzieren Sie eine *Aufforderung*. Dieser Punkt fällt vielen schwer, ist aber entscheidend. Wonach suchen Sie gerade, wo benötigen Sie Unterstützung, wie sollen sich Ihre Zuschauer verhalten? Sind Sie auf der Suche nach einer Zusammenarbeit, nach Ressourcen oder nach Geld? Schlagen Sie mehrere Optionen für eine zukünftige Partnerschaft und deren Entwicklung vor. Mindestens eine Möglichkeit sollte für den Zuschauer schnell und einfach umzusetzen sein.

Bitte beachten Sie, dass es sich hier nur um ein Beispiel handelt.

Es ist entscheidend, dass Sie eine Verkaufspräsentation erstellen, die zu Ihnen passt und so authentisch wie möglich ist. Ein Pitch für eine Marke sollte grundsätzlich allerdings einige allgemeine Punkte enthalten: Details zu Ihren Vorstellungen, die gewünschte Präsentation der Marke, die mögliche Reaktion deines Publikums und eine realistische Einschätzung dazu, wie viele Zuschauer Sie erreichen könnten. Prüfen Sie das Konzept Ihres Videos dahingehend.

Gerade zu Beginn ist ein Pitch eine große Herausforderung. Je lockerer Sie jedoch sind, desto besser. Sie werden früher oder später akzeptieren müssen, dass eine Präsentation nie ganz perfekt sein wird. Bei späteren Betrachtungen werden Ihnen immer wieder Dinge auffallen, die besser sein könnten.

Nutzen Sie diese Erfahrungen einfach für die nächsten Pitches und Videos. Ihr Wettbewerbsvorteil sollte in erster Linie die Authentizität sein. Die folgenden Punkte werden Ihnen dabei helfen, sich vorzubereiten und zu verbessern. Ich habe Sie anhand meiner eigenen Erfahrungen zusammengestellt. Machen Sie sich mit dem Prozess des Präsentierens vertraut und lassen Sie sich auf Entwicklungen ein.

Meine Tipps für Sie:

1. *Respektieren Sie Ihre Zuhörer.* Zeigen Sie ihnen, dass sie großartig und intelligent sind. Ihre potentiellen Kunden und Partner sollen von Ihnen einen guten Eindruck bekommen und möchten ernst genommen werden. Übertreiben Sie also nicht, aber unterstellen Sie den Zuschauern nur Gutes.

2. *Nehmen Sie Ablehnungen nicht persönlich.* Je mehr Erfahrungen Sie sammeln, desto leichter fällt Ihnen der Umgang mit Ablehnungen. Nicht jeder Pitch ist für jede Zielgruppe geeignet und leider passen Menschen und Ideen nicht immer so zueinander, wie man es sich vorgestellt hat. Sie lernen von jedem Nein.

3. *Bitten Sie um Feedback.* Um eine Verkaufspräsentation zu optimieren, müssen Sie ihre Wirkung kennen. Fragen Sie nach, bitten Sie um Hinweise, fordern Sie Kritik ein.

4. *Lassen Sie sich inspirieren.* Welche Präsentationen haben Sie beeindruckt? Welche Stilmittel haben bei Ihnen Wirkung hinterlassen? Sammeln Sie Ideen und orientieren Sie sich daran. Doch Vorsicht: Bleiben Sie unbedingt authentisch, kopieren Sie niemanden und spielen Sie keine Rolle. Manches funktioniert bei anderen sehr gut, bei Ihnen hingegen überhaupt nicht. Dann verwerfen Sie eine Idee wieder.

5. *Üben, üben, üben!* Manche Menschen besitzen Talent und sind kaum nervös, anderen fällt es deutlich schwerer. Üben Sie vor Publikum, suchen Sie die Öffentlichkeit, probieren Sie verschiedene Dinge aus. Auf diese Weise erhalten Sie wertvolle Ratschläge und Rückmeldungen.

Ihr Pitch entwickelt sich im Laufe der Zeit weiter. Legen Sie fest, was entscheidend ist: Ihre Idee, das Publikum, das einzigartige Wertversprechen und die erforderlichen Maßnahmen oder nächsten Schritte, die für die Umsetzung erforderlich sind.

NOTIZEN

4. Werbung für Ihren Kanal

Um mehr Aufrufe und Abonnenten für Ihren Kanal zu gewinnen, können Sie über AdWords für Videos in eine Anzeigenkampagne für Ihre Videos auf YouTube investieren. Sie können zum Beispiel eine Anzeige erstellen, die vor dem Start eines Videos oder neben einem Video auf dessen YouTube-Wiedergabeseite eingeblendet wird.

Dafür genügt es schon, wenn Sie eine Anzeige einrichten, ein Budget festlegen und die gewünschte Zielgruppe konkretisieren. Einen Mindestpreis für die Auslieferung der Anzeige gibt es nicht und das Budget kann jederzeit geändert werden. Zudem kann eine Kampagne auch zu jedem Zeitpunkt gestoppt werden. Damit dies nicht aufgrund des mangelnden Erfolges geschehen muss, grenzen Sie die Zielgruppe wie folgt ein:

1. *Wer?* Entscheiden Sie sich, basierend auf demografischen Merkmalen, Sprache und Interessen, für eine bestimmte Zielgruppe oder ein Nischenpublikum. Sie können beispielsweise Frauen zwischen 18 und 34 Jahren ansprechen, die gern kochen und Kochvideos ansehen und Food-Kanäle abonniert haben.

2. *Was?* Anhand dieser Frage können Sie Themen ermitteln, die für Ihren Kanal am relevantesten sind. Mit Kontext-Targeting erreichen Sie Zuschauer, die nach bestimmten Inhalten suchen. Außerdem haben Sie die Möglichkeit, das Video oder den Kanal auszuwählen, in dem Ihre Anzeigen eingeblendet werden sollen.

3. *Wo?* Ermitteln Sie den Standort Ihrer Zuschauer: Land, Region, Stadt oder Postleitzahl. Sie können sogar einen benutzerdefinierten Standort nach Radius oder rund um einen interessanten Ort festlegen.

4. *Wann?* Sie entscheiden, wie oft eine Anzeige eingeblendet wird und auf welchen Geräten. Wenn Sie ein begrenztes Budget haben, legen Sie außerdem fest, zu welcher Tageszeit die Anzeige ausgeliefert werden soll.

Mit AdWords für Videos können Sie YouTube-spezifische Anzeigenformate nutzen. Diese Anzeigenformate und interaktiven Elemente bieten Ihnen verschiedene Möglichkeiten, Zuschauer zu weiteren Interaktionen mit Ihren Inhalten zu bewegen.

Da nur geringe Investitionen notwendig sind und Sie jederzeit eine Kampagne stoppen können, ist die Gefahr von Fehlschlägen und finanziellen Verlusten gering. Testen Sie verschiedene Anzeigen und beobachten Sie, womit Sie die meisten Aufrufe und Kontakte erreichen.

Darüber hinaus können Sie Ihren Videoanzeigen interaktive Elemente hinzufügen, damit Zuschauer mehr mit Ihren Inhalten interagieren. Wählen Sie die Möglichkeiten aus, die am besten zu Ihren Zielen passen.

1. *Overlay mit Call-to-Action:* Dieses Element wird mit der Videowiedergabe gestartet und kann von Zuschauern geschlossen werden. Wenn sie darauf klicken, werden sie zu einem Kanal oder zu einer Website weitergeleitet, den bzw. die Sie festgelegt haben. Zu häufig und zu aufdringlich sollten die Overlays jedoch nicht sein, da sich Zuschauer sonst belästigt fühlen könnten.

2. *Infokarte:* Dieses Element wird einige Sekunden lang als Teaser angezeigt. Es gibt verschiedene Arten von Infokarten. Sie können beispielsweise einen Link zu einem Video oder einer Video-Playlist auf YouTube einfügen.

3. *Abspann:* Dieses Element wird einige Sekunden nach dem Ende deines Videos angezeigt. Wenn Sie auf einem Desktop-Computer die Maus darüber bewegen oder auf einem Mobilgerät darauf tippen, wird es maximiert und es erscheinen zusätzliche Informationen.

4. *Companion-Banner:* Dieses anklickbare Thumbnail ergänzt eine TrueView In-Stream-Anzeige. Zuschauer können dadurch dazu angeregt werden, eine Aktion durchzuführen, z.B. weitere Videos anzusehen oder den Kanal zu abonnieren.

Es gibt kein Patentrezept für die perfekte Videoanzeige. Im Folgenden habe ich acht bewährte Empfehlungen für Sie zusammengestellt, die auf den Erfahrungen erfolgreicher YouTuber basieren.

1. *Vermitteln Sie Ihre Botschaft:* Bumper-Anzeigen sind ideal für kurze Botschaften, TrueView-Anzeigen eher für längere.

2. *Überzeuge Nutzer in den ersten fünf Sekunden:* Wenn Sie sich die Aufmerksamkeit der Zuschauer gleich zu Beginn sichern, werden diese die Wiedergabe fortsetzen.

3. *Kombinieren Sie verschiedene Anzeigen:* Erstellen Sie mehrere Anzeigen für unterschiedliche Zuschauer und Geräte.

4. *Steigern Sie die Interaktionen:* Durch interaktive Elemente können Sie die Bekanntheit der Marke und Interaktionen optimieren.

5. *Verwenden Sie Ihre besten Inhalte:* Ihre Anzeigen sollten Clips oder Elemente Ihrer beliebtesten Videos umfassen.

6. *Machen Sie klare Ansagen:* Fordern Sie Ihre Zuschauer zu einer bestimmten Aktion auf, z. B. zum Abonnieren des Kanals, zum Aufruf der Website, zum Ansehen eines weiteren Videos, zum Liken oder zum Kommentieren.

7. *Geben Sie den Zuschauern Zeit, Aktionen auszuführen:* Ein Abspann und ein starker Call-to-Action in den letzten 5–10 Sekunden eignen sich dafür sehr gut.

8. *Verfassen Sie einen ansprechenden Titel:* Der richtige Titel kann viel bewirken. Nutzen Sie diese Möglichkeit, das Interesse der Zuschauer zu wecken. Versprechen Sie im Titel nichts Falsches und achten Sie unbedingt darauf, dass die Erwartungen im Video in jedem Fall erfüllt werden.

Ihre ersten Schritte

Nun sind wir tatsächlich am Ende angelangt. Ich hoffe, Sie konnten dank dieser Seiten Ihrem Ziel bereits ein wenig näherkommen. Mir ist natürlich klar, dass es sich hier nur um einen Überblick handelt. Aber ich bin mir sicher, dass die eine oder andere neue und hilfreiche Information enthalten war. Ich habe hier in erster Linie meine Erfahrungen niedergeschrieben und weiß, dass man das Wissen aus verschiedenen Studiengängen und Ausbildungen keinesfalls auf wenigen Seiten zusammenfassen kann. Denken Sie jedoch vor allem an eines: Marketing und Öffentlichkeitsarbeit erfordern Durchhaltevermögen und sind hin und wieder auch ein wenig lästig. Und:

„Ohne Kommunikation gibt es keine Reaktion."

Geben Sie neue Informationen weiter an Ihre Kunden, Pressekontakte und Kooperationspartner. Lassen Sie Ihr Netzwerk an Ihren Gedanken und Ideen teilhaben und freuen Sie sich auf tolle Synergien. Begrüßen Sie nun Ihre neuen Kunden und lesen Sie dieses Buch gerne immer und immer wieder – neue Ideen und Ansätze entstehen dann fast von selbst.

Meine Praxistipps für Sie

In den letzten Jahren habe ich oft die gleichen Fragen gestellt bekommen und mit Rat und Tat zur Seite gestanden. So sind auch meine Marketing-Tipps entstanden. Ein paar davon gebe ich Ihnen mit diesem Buch auf den Weg.

1. Wie erhalte ich mehr E-Mail-Adressen?

Wenn Sie eines Tages mehr als 5.000 E-Mail-Adressen in Ihrer Datenbank zusammen haben, können Sie sich viel Geld für Werbeanzeigen sparen. Daher ist dieser Tipp sehr wichtig. So wichtig, dass ich Ihnen dies auch an einem Beispiel illustrieren möchte.

• Laden Sie Ihre Kunden zu einem Event ein (Jubiläum, Eröffnung der Terrasse, Osterbrunch etc.)

• Richten Sie auf Ihrer Webseite eine Unterseite mit Einladungstext ein.

• Legen Sie bei Ihrem Newsletter-System eine automatische Antwort an. (Sie haben noch kein System? Dann empfehle ich Ihnen das Folgende, da es für 250 Adressen kostenfrei ist: http://www.cleverreach.de/ frontend/?rk=22343rytnvibg)

• Jeder, der sich nun auf der Unterseite anmeldet, erhält automatisch eine Einladung per E-Mail zu diesem Event. In dieser automatischen Rückantwort können Sie nun alle wichtigen Informationen der Veranstaltung einbringen und dies auch wie eine Gewinn-Einladung oder dergleichen benennen. Nutzen Sie diese automatische Antwort auch, um auf Ihr Facebook-Profil aufmerksam zu machen. Testen Sie allerdings erst einmal das System und melden Sie sich selbst an. Sollte alles nach Ihren Wünschen eingestellt sein, teilen Sie den Link Ihrer Unterseite (beispielsweise bei Facebook, Xing oder Twitter) oder erstellen Sie einen Flyer für diese Veranstaltung. Nun erhalten Sie, so lange Sie es möchten, Anmeldungen für diese Veranstaltung und damit auch jede Menge E-Mail-Adressen für Ihren Verteiler.

2. Wie verteile ich erfolgreich Flyer?

Die Möglichkeiten sind bei der Verteilung grenzenlos.

• Fragen Sie doch bei Ihrem Autohändler, Coffeeshop, Tierarzt, Friseur oder Supermarkt nach, ob Sie Ihren Flyer an der Kasse hinterlegen können.

• Suchen Sie nach Orten, an denen möglichst viele Menschen, vorzugsweise natürlich Personen Ihrer Zielgruppen, vorbeikommen. So können auch Seniorenheime, Sportvereine oder Jugendzentren für Sie der richtige Platz sein, um Ihre Flyer gezielt unter Leute zu bringen. Oder Sie verteilen Ihre Flyer einfach in der Fußgängerzone und sprechen direkt mit den Menschen, die einmal Ihre Kunden werden sollen.

• Eine persönliche Übergabe kann sogar noch viel überzeugender sein, wenn Sie auf ein paar Grundregeln achten. Lächeln Sie und treten Sie den Menschen aufgeschlossen und freundlich gegenüber. Und akzeptieren Sie es in jedem Fall, wenn jemand nicht mit Ihnen sprechen möchte oder Sie ignoriert. Kommentieren Sie dieses Verhalten nicht, sondern fokussieren Sie sich auf die nächsten Passanten.

• Lassen Sie Ihre Flyer einfach von Jobbern in den Wohnvierteln verteilen, denn auf die Post im eigenen Briefkasten wirft wirklich jeder zumindest einen kurzen Blick. Informieren Sie sich jedoch auf jeden Fall im Vorfeld über die rechtlichen Bestimmungen in Ihrer Gemeinde.

Wenn Sie diese Tipps beachten, wird Ihr Unternehmen schon bald in aller Munde sein, sodass eine leere Neueröffnung oder ein nicht ausgebuchtes Event in Ihrem Betrieb nahezu unmöglich ist!

NOTIZEN

3. Wie komme ich an neue persönliche Kontakte?

Mein Tipp für Sie: Besuchen Sie kostenlose Infoabende! Oft veranstalten Trainer, Firmen oder Vereine kostenlose Infoabende zu ihren Dienstleistungen oder Produkten. Das ist eine sehr gute Möglichkeit für Sie, um neue Kontakte zu knüpfen. Die Teilnehmer kennen sich in der Regel noch nicht und es gibt immer Gelegenheit zu interessanten Pausengesprächen. Ein guter Gesprächseinstieg ergibt sich durch die Veranstaltung meist von selbst. Angekündigt werden diese Veranstaltungen meist in lokalen Zeitungen, Plattformen wie Xing oder LinkedIn, an öffentlichen Aushängen oder in Werbeblättern. Denken Sie beim Besuch unbedingt an Ihre Visitenkarten und verzichten Sie auf Flyer und eigene Werbemittel, denn diese werden erwartungsgemäß nicht gern gesehen. Werben Sie lieber für sich als Person und nicht als Unternehmen.

4. Wie kann ich andere dazu bringen, mich zu unterstützen?

Binden Sie Ihre Partner auf Ihrer Webseite und in Ihren Newsletter mit ein. Dies wird man Ihnen danken, indem man sich mit einem Gegenlink erkenntlich zeigt oder Sie in einem Posting bei Facebook erwähnt. Nutzen Sie Ihr Netzwerk und das Ihrer Partner, um für Ihr Unternehmen zu werben. Es gibt überdies auch Business-Clubs, die dieses System deutlich unterstützen. Es handelt sich also auch um eine Art „Empfehlungsmarketing". Meist treffen sich Selbstständige dort zum Frühstück, um Kontakt-Empfehlungen auszusprechen und Erfahrungen auszutauschen. In einer solchen Runde präsentieren sich den Mitgliedern häufig auch Gäste. Gerade für Unternehmer ist ein solcher Besuch oder gar eine Mitgliedschaft in einem solchen Netzwerk auf Dauer ein großer Vorteil.

Weitere Tools für Ihren Erfolg

1. Google Place

Man sollte sein Unternehmen selbst über den kostenlosen Dienst Google Place anmelden. Alles, was hierfür benötigt wird, ist wie bei allen Diensten dieses Anbieters ein kostenloses Google-Konto. Anschließend befolgen Sie die nächsten Schritte:

1. Suchen Sie auf der Weltkarte nach Ihrem Unternehmen oder der Haupt-Telefonnummer.

2. Wenn Google schon einen Eintrag zu Ihnen hat, wird dieser nun angezeigt. Klicken Sie diesen einfach an. Sollte kein Eintrag vorhanden sein, fügen Sie bitte einen neuen Eintrag hinzu.

3. Geben Sie alle benötigten Informationen wahrheitsgemäß an und prüfen Sie alle Angaben noch einmal. Sie erhalten nun innerhalb von ein bis zwei Wochen einen Brief von Google mit einer PIN zur Bestätigung Ihres Eintrags.

4. Geben Sie im nächsten Schritt unbedingt weitere Informationen an. Laden Sie mindestens zwei bis drei Bilder Ihres Unternehmens und Ihr Logo hoch. Geben Sie außerdem eine aussagekräftige Beschreibung ein. Sobald Sie den Brief mit der PIN erhalten haben, geben Sie diese bitte online an, damit Ihr Eintrag für alle Personen sichtbar wird.

Pflegen Sie regelmäßig Ihren Google Places Eintrag und aktualisieren Sie umgehend Öffnungszeiten oder Kontaktmöglichkeiten, wenn diese sich ändern. Ein aktueller Eintrag ist für Suchmaschinen-Nutzer sehr wichtig.

2. Ihre Partner

Erwähnen Sie Ihre Partner immer wieder einmal und sorgen Sie so dafür, dass auch Sie erwähnt werden. Gemeinsame Events und neue Kooperationspartner sind für alle Beteiligten wichtig und Synergien helfen jedem Unternehmen weiter.

3. Visitenkartenpartys

Besuchen Sie so viele Visitenkartenpartys wie möglich! Hier treffen Sie viele Geschäftsleute, die nur eines im Sinn haben: neue Menschen kennenlernen und Visitenkarten tauschen. In der Regel sind dies auch Firmeninhaber, die derartige Veranstaltungen planen. Somit sind Sie sicher schnell im Thema und können bald eigene Events veranstalten. Entsprechende Termine finden Sie auf Plattformen wie Xing.

4. T-Shirt-Werbung

Wenn Sie viel unterwegs sind, sind Shirts oder andere Textilien sehr gute Werbemittel. Es kann sich durchaus lohnen, hier in Design und Druck zu investieren. Möglicherweise können Sie auch eine Kooperation mit einem Designer eingehen. Wenn ein Shirt mehr ist als ein Werbeträger, finden Sie schneller andere Menschen, die ebenfalls ein solches Kleidungsstück tragen wollen.

5. Gewinnspiele

Veranstalten Sie Verlosungen und Gewinnspiele. Damit machen Sie auf sich aufmerksam und kommen an Adressen von möglichen Neukunden, die Sie auch anrufen dürfen.

Besonders effektiv ist es, wenn Sie sich eine Preisfrage ausdenken, die mit Ihrem Produkt zu tun hat. Die Teilnehmer sind dann gezwungen, sich schon einmal damit zu beschäftigen, wenn sie gewinnen wollen. Machen Sie Ihr Gewinnspiel bekannt, indem Sie vorhandene Kunden zur Interaktion mit weiteren Kunden auffordern (in einem entsprechenden Beitrag auf Facebook beispielsweise einen Freund markieren, um an der Verlosung teilzunehmen), in Ihrem Newsletter davon berichten oder an öffentlichen Plätzen Flyer verteilen. Und binden Sie Partner ein, wann immer es möglich und sinnvoll ist.

6. Autowerbung

Wenn Sie viel mit dem Auto unterwegs sind, lassen Sie Ihr Auto für Sie Werbung machen.

Auch dabei ist vor allem Kreativität gefragt. Das Logo Ihrer Firma und eine Telefonnummer darunter? Das ist keine Werbung, denn die wenigsten Menschen haben einen Bezug zu Ihrer Firma. Stellen Sie sich die Frage: Was würde Sie neugierig machen? Welcher Claim würde Sie fesseln?

7. Eigene Videos

YouTube ist eine der wichtigsten Seiten im Netz, aber wie können potenzielle Neukunden Sie dort finden? Sie glauben nicht einmal, dass Ihre Kunden sich dort bewegen und nach Ihnen suchen könnten? Zunächst einmal sollten Sie auch auf YouTube sichtbar werden. Legen Sie einen Account unter Ihrem Firmennamen an. Nun stellen Sie sich die Frage, was Sie dort veröffentlichen sollen? Erklären Sie zum Beispiel, was Sie und Ihr Unternehmen machen. Geben Sie Ihren Zuschauern einen Einblick in Ihre Tätigkeiten. Alternativ können Sie Tutorials und Anleitungen erstellen oder Tipps zu Ihrem Fachgebiet geben.

Diese Art von Filmen ist hilfreicher als ein professioneller Imagefilm, der mit vielen Effekten und Marketingtexten arbeitet. Bevor es an die praktische Umsetzung geht, benötigen Sie ein Konzept und ein Drehbuch. Passen Sie die Filme außerdem Ihrem Unternehmensdesign an und wählen Sie Darsteller aus, die freiwillig und gern vor der Kamera agieren. Wer keine Erfahrung mit dem Filmen hat, benötigt vielleicht den einen oder anderen Versuch mehr und sollte unbedingt Feedback von befreundeten Zuschauern einholen. Nutzen sollten Sie diese Chance dennoch und pro Jahr wenigstens zehn Videos produzieren.

8. Stammtische

Rufen Sie einen Stammtisch ins Leben! Das Geschäftsleben beschränkt sich nicht auf offizielle Termine und Buchhaltung, sondern findet auch in einem lockeren Rahmen statt. Wen schätzen Sie, wen finden Sie sympathisch, mit wem kann man Spaß haben? Die meisten Menschen unterhalten gern Freundschaften und schätzen geselliges Beisammensein. Auch hier gilt: Ohne Kommunikation gibt es keine Reaktion. In einer solchen Stammtischrunde lassen sich jedoch nicht nur berufliche Dinge besprechen. Jeder steht anderen Herausforderungen gegenüber und hat eigene Probleme zu bewältigen, bei denen andere helfen oder einfach Beistand leisten können. Auch für persönliche Beziehungen ist ein Stammtisch eine wertvolle Einrichtung. Legen Sie einen regelmäßigen Termin fest, den jeder fest einplanen kann (jeweils am dritten Donnerstag des Monats, jede zweite Woche mittwochs etc.).

NOTIZEN

AUTOR

Keiner hat das Marketing der Münchner Gastronomie so geprägt wie Markus Mensch!

Geboren 1981 in Regensburg, steht er seit über 7 Jahren verschiedenen Gastronomen beratend zur Seite. Sein Lebenslauf ist eine Mischung aus Gastronomie und Marketing.

Nach einer Ausbildung an der Hotelfachschule Steigenberger, dem Hotel „Vier Jahreszeiten Kempinski" und zum Sommelier war es klar – er sieht Dinge anders als andere. Nach verschiedenen Stationen in namhaften Häusern zeigte er 2007, dass man Restaurants auch anders vermarkten kann. Es hat nicht lange gedauert, bis auch Medien und Mitbewerber sein Treiben bemerkten.

Die Jahre vergingen und neue Ideen wurden kopiert oder in der Presse vorgestellt. Seine Agentur „Mplus" betreut mittlerweile nicht nur Kunden aus der Gastronomie und Hotellerie, sondern auch Kunden rund um das Thema Lifestyle, Genuss und Erlebnis.

Seine Leidenschaft zum Schreiben zeigte Markus Mensch schon in verschiedenen Magazinen als Redakteur, in Kolumnen über Restaurants und Weinverkostungen. „Dass ein Buch folgte, war schon immer klar, nur das Wann stand immer im Raum", so Markus Mensch.

Mit seinem ersten Ratgeber „Marketing für die Gastronomie" zeigte er Gastronomen, wie man in 30 Tagen zu neuen Stammgästen kommt. Praxiserprobte und einfach umsetzbare Tipps waren ihm dabei ganz besonders wichtig.

Markus Mensch

www.mplus-agentur.de

www.markus-mensch.de

kontakt@markus-mensch.de

Zeitfracht Medien GmbH
Ferdinand-Jühlke-Straße 7
99095 Erfurt, Deutschland
produktsicherheit@kolibri360.de